JEANNE ET MARGUERITE

Valérie PÉRONNET

adapté par
Françoise Cadol et Christophe Luthringer

Éditions ART ET COMÉDIE
3, rue de Marivaux
75002 PARIS

JEANNE ET MARGUERITE
a été créée le 8 juillet 2013 à Avignon

Mise en scène de Christophe Luthringer

Avec

Françoise Cadol
et les voix d'Emmanuel Jacomy et Rémi Bichet

Lumières : Thierry Alexandre
Son : Franck Gervais
Musique : Gérald Elliott
Costumes : Alice Touvet

NOTE DE L'AUTEUR

Un jour, j'ai rencontré Françoise Cadol ; elle prêtait sa voix aux comédiennes étrangères qu'elle doublait en français, je prêtais ma plume à des auteurs dont j'écrivais les livres. L'analogie nous a fait rire, et nous sommes devenues amies. Elle m'a demandé de lui écrire un texte sur ma vie de « nègre » qu'elle pourrait jouer seule en scène. J'ai dit que je n'avais jamais rien écrit pour moi, ni pour le théâtre. Elle m'a dit de ne pas m'en faire, qu'elle s'arrangerait avec ce que je lui donnerai. Alors je suis partie en Bretagne, pour essayer. J'en suis revenue avec l'histoire de Jeanne et Marguerite. Elle l'a lue, et elle m'a dit que c'était un roman. Et que je devais trouver un éditeur pour le publier. Et qu'elle l'adapterait, avec Christophe Luthringer, pour le jouer. Alors Calmann-Lévy[*] l'a publié, Christophe et Françoise l'ont adapté, et Françoise l'a joué, à Avignon. Et puis les Éditions du OFF et le Théâtre La Bruyère l'ont aimé.

Voilà, c'est comme ça.

VALÉRIE PÉRONNET

---

[*] *Jeanne et Marguerite*, éditions Calmann-Lévy, Paris, 2011.

Jeanne est seule en scène. C'est elle qui parle, durant tout le spectacle, tantôt d'elle, tantôt de Marguerite. Y compris pendant les dialogues, qui peuvent néanmoins être dits par des voix off.

JEANNE. – Elle s'appelle Marguerite, mais tout le monde l'appelle Guitta. Elle habite à Nice. Elle avait quatorze ans quand on l'a enlevée de l'école. Son petit frère était malade, il s'ennuyait tout seul à la maison, il fallait quelqu'un pour lui tenir compagnie. De toute façon, ça ne sert à rien qu'elle continue l'école, c'est une fille ! Les filles n'ont pas besoin d'apprendre, à part à coudre et à faire la cuisine. Et à être jolies aussi. Pour trouver un bon mari. Je ne sais pas si Guitta sait coudre et faire la cuisine, mais elle sait être jolie ! Elle est belle même ! Vraiment très belle ! Mais elle ne sait pas nager. Ça a changé sa vie.

La première fois que Guitta voit Eugène, il sort de l'eau en riant aux éclats. La première fois qu'elle le voit, ils sont deux beaux hommes qui se ressemblent. Deux frères ! Même rire, même barbe, même maillot ridicule en coton tricoté, mêmes grands gestes chahuteurs, mais c'est lui qu'elle voit, pas l'autre ! Elle fait ce que les filles font pour que les garçons les regardent. Elle sourit, elle rosit, elle tremble un peu. Elle fait ce qu'elle peut, dans sa robe à dentelle, sous son chapeau de paille. Il la repère tout de suite. Il l'avait déjà repérée avant d'entrer dans l'eau. Elle riait avec une autre fille dont il ne saurait même pas dire si elle est blonde ou brune, vivante ou morte. Il s'en fiche de l'autre ! Il bafouille, elle sourit, il rit bêtement, elle glousse un peu, il rougit, elle blêmit, il ne sait pas quoi dire, elle ne sait pas quoi faire, ils sont comme deux pingouins perdus sur une plage de Nice. Quand soudain, Eugène lui dit :

– Vous ne vous baignez pas ?

– Oui !… Non !… Je… Je ne sais pas nager !

– Je vous apprendrai !… Vous verrez, c'est simple, il suffit de se laisser porter !…

Voilà. C'est comme ça !

Au début, je ne savais même pas si c'était un homme ou une femme. C'était juste des mots. Un nom sans sexe sur un écran et des lettres qui crépitent à toute allure. J'allais tapoter sur un site la nuit quand il était trop tard pour appeler les amis. Pour parler un peu, ouvrir des fenêtres, respirer l'air des autres, dire la nuit à des inconnus ce qu'on ne dit pas le jour à des gens qu'on connaît! Je ne me souviens plus de quoi on a parlé mais c'était drôle, vif, différent de tous les autres! C'est moi qui ai demandé son numéro de téléphone. Il était quatre heures du matin, j'avais les yeux brûlés par l'écran, les doigts fatigués de taper, mais une envie folle que ça ne s'arrête pas. J'ai pris mon élan et j'ai appelé. On a ri! On a parlé jusqu'au matin. Pour rester encore un peu, il a laissé passer l'heure de la douche, puis celle du café, puis celle du départ.

— … Oui, je… Je… C'est parce que je… oui… je… parce que… je… parce que je… Oui… Non! Je… Je pars pour dix jours dans le Sud de la France… Est-ce que tu… Est-ce que je… Peut-être qu'on pourrait… Enfin, si tu… Je t'appelle en rentrant?… Tu veux?…

Je savais déjà que je voulais, moi.

Il a tenu parole ! Le lendemain, il est là, sur la plage, pour lui apprendre à nager. Il l'attend tout l'après-midi sans se baigner, parce qu'un maillot de bain sec, c'est quand même moins tarte qu'un maillot de bain mouillé. Tout l'après-midi, il l'attend, mais Marguerite n'est pas là. Ni le jour d'après, ni le suivant. Le quatrième jour… elle est là ! Il l'accueille, l'air détaché, sans dire qu'il l'attendait. Elle… feint de le croiser par hasard, ne dit pas qu'elle ne pensait qu'à lui depuis la dernière fois, qu'elle a compté les jours, les heures, les minutes, coincée dans la chambre de son petit frère malade, qu'elle était exécrable avec lui et qu'elle a fini par s'enfuir pour venir le rejoindre. C'est ce jour-là que tout commence vraiment entre Eugène et Guitta. Le 17 juillet 1907, sur la plage de Nice. Elle a seize ans et lui dix-neuf.

Je n'ai pas cessé de penser à lui pendant tout mon voyage. Dix jours dans le Sud de la France pour écouter une femme me parler de sa vie. Depuis toujours les gens me racontent leurs histoires. C'est comme ça. Et moi, je les écoute! J'ai fini par en faire mon métier : journaliste, et puis nègre. Pour écrire à leur place leurs histoires dans des livres. Ça en fait des gens qui se bousculent dans ma tête. Des centaines d'interviewés qui remplissent ma vie de la leur. Pendant ces dix jours, j'ai essayé d'écouter cette femme de toutes mes forces, mais il était là… partout… comme si notre conversation de cette première nuit ne s'était jamais arrêtée. Comme si, pendant dix jours, nous avions continué de parler, rire, nous taire, sans jamais raccrocher. Dix jours de manque vif, mordant, insensé, pour quelques heures à peine de conversation. Mais pourquoi? Pourquoi je suis dans cet état-là? La nuit du jour où je suis rentrée, j'ai appelé. J'avais le trac! J'ai composé le numéro plusieurs fois. Raccroché avant que ça sonne. Je ne savais pas quoi lui dire, je ne savais pas s'il se souviendrait de moi. L'envie de l'entendre a fini par gagner.

– Allô!… Bonsoir… Vous pouvez lui dire que j'ai appelé?… Merci…

Quelle conne!... J'ai rappelé trois nuits plus tard. J'ai reconnu sa voix, il a dit :

> – Tu m'as cherché ?

> – Oui! On t'a fait le message ?

> – Oui.

C'est ce jour-là que tout a vraiment commencé entre lui et moi. Le 17 septembre 2000, au téléphone. J'avais trente-quatre ans, et lui...

Ils ont passé un été formidable ! Elle a demandé à sa mère la permission de les retrouver régulièrement sur la plage, son frère et lui, pour qu'il lui apprenne à nager… Parce que c'est simple et qu'il suffit de se laisser porter ! Sa mère s'est renseignée : Guitta et son amie Emma pouvaient être vues en compagnie de ces jeunes gens parfaitement fréquentables. Alors ils se sont fréquentés ! Toujours en bande pour respecter les convenances ! Elle a appris à nager, très vite. Ils ont pique-niqué, dansé dans les guinguettes, joué au volant sur la plage, disputé des parties de cartes acharnées, bu des litres de limonade, mangé des glaces et des beignets… Il lui a raconté ses projets : son concours magistralement réussi pour entrer à l'École polytechnique de Zurich. Son impatience et sa fierté de devenir ingénieur spécialisé en électricité, pour apporter la lumière à la France, à l'Europe, au monde entier ! Elle l'écoutait s'enflammer avec admiration… en repoussant l'idée que Zurich, c'est à l'autre bout du monde ; à l'autre bout de son monde, cantonné à la chambre de son petit frère malade, dans le grand appartement de Nice, qui lui semblait, au fur et à mesure que septembre approchait, de plus en plus sinistre. Septembre est arrivé. Eugène est parti étudier à Zurich.

– *(Au téléphone)* Oui… C'est pas vrai?… Raconte!… Allez, raconte!

Je ne savais toujours pas son nom! Il ne savait toujours pas le mien. Je ne savais rien de lui, et lui pas grand-chose de moi. Je ne savais pas ce qu'il faisait, où il habitait, qui était la personne qui répondait au téléphone quand il n'était pas là… Je ne savais rien du tout! Mais sa voix… sa voix glissant dans mon oreille, est voluptueuse comme un chocolat chaud.

– Comment tu t'appelles?… Non, toi d'abord!… Non, je te dirai pas! Non, je te dirai pas! Non, je te dirai pas!

J'ai dit mon prénom, mais que je ne l'aimais pas beaucoup. Que je m'étais rendu compte que les gens qui m'aimaient ne m'appelaient pas par ce nom-là.

– Alors je t'appellerai Jeanne.

– D'accord, appelle-moi Jeanne, mais appelle-moi souvent!

Ils ont commencé à s'écrire des cartes postales. Une fois par mois, deux par mois. Une fois par semaine. Deux, parfois. Il lui raconte ses études, Zurich, l'électricité. Elle lui raconte son ennui, Nice, la santé de son petit frère. Il attend Noël, qu'il viendra fêter à Nice en famille. Elle attend le facteur, tous les jours.

– Allô…

Des nuits entières au téléphone, lui à Paris, et moi à Lyon. Sidérés l'un et l'autre d'être si proches sans se connaître, de se connaître sans se voir. Happés par l'envie qui grandit au point de tout envahir, petit à petit. Je ne sais plus qui a parlé le premier de se voir. Moi, sans doute. Mais je suis sûre que c'est lui qui a proposé dans le noir.

– Je serai là la semaine prochaine, Jeanne.

Et il a raccroché très doucement.

Dans le noir ! La semaine prochaine. Lui, la semaine prochaine, avec moi, dans le noir ! J'ai trouvé des grandes feuilles de papier noir pour obstruer mes fenêtres sans volets. Ça ressemblait à la guerre, ma maison. Alors, j'ai découpé, dans le papier, des yeux, un nez, une bouche : 0 + 0 = la tête à Toto. Toto, témoin exclusif de notre rencontre.

– J'ai peur, Jeanne.

– De quoi as-tu peur ?

– De la même chose que toi.

Il a peur, lui aussi, que tout parte en fumée et que rien ne subsiste de nous, comme un charme qui disparaît au premier coup de minuit.

Alors, j'ai écrit pour conjurer ma peur, pour en faire quelque chose, pour qu'elle ne m'empêche pas d'aller à sa rencontre, de le laisser venir, de lui ouvrir ma porte, j'ai écrit comment ça allait se passer, avant que ça se passe. Et tout est arrivé… presque comme j'avais écrit.

Plus Noël approche et plus elle attend. Chaque jour, elle l'attend. Sa dernière carte annonçait son arrivée par le train du 19 ou du 21. Donc il doit être à Nice, absorbé par sa famille et par les fêtes de fin d'année ! C'est pour ça qu'elle n'a pas de ses nouvelles. De son côté, Marguerite donne assez bien le change : petits cris de joie en découvrant l'énorme sapin installé dans le salon ; entrain immodéré, les mains dans la farine, à confectionner des pâtés, du pudding, des beignets, des chocolats, du pain d'épices et tous ces délices qui remplissent la maison de l'odeur de Noël… mais les jours passent et pas de nouvelles d'Eugène. La messe de minuit… interminable ! Et chaque visage de l'assistance épiée dans l'espoir qu'il se trouve au milieu de la foule. Pourquoi il a disparu au moment où il aurait dû apparaître ?

Le 30 décembre, à quatre heures moins dix, Emma et son frère sonnent à la porte de l'appartement. Ils viennent présenter leurs vœux. Embrassades de circonstance, conversation animée autour d'une tasse de thé… Elle s'en fiche ! Le frère d'Emma raconte ses premiers mois d'apprentissage… Elle s'en fiche, elle s'en fiche, elle s'en fiche ! Quand soudain il dit :

– Vous ne savez pas ce qui est arrivé à Eugène ?

– Non, quoi ?… Il est malade ?… Il va mieux ?…
Ah !… Un dîner de Nouvel An après-demain ?…
Avec tout le monde ?… Avec Eugène ?… Oui…
Enfin… Oui…

Il a poussé la porte et l'a refermée doucement. J'étais assise par terre, contre le radiateur, recroquevillée autour de mon cœur pour l'empêcher de sortir de sa cage thoracique. Il est là debout dans l'entrée. Il approche. J'essaye de sentir et d'entendre à quoi il peut bien ressembler. Le bruissement d'une veste qu'il enlève. Le son sourd de ses semelles contre le parquet. Des gros godillots, on dirait. Son souffle, presque un râle. Pourquoi j'ai fait ça ? Complètement dingue ! Et s'il était fou ? Il est là maintenant. Il respire. Trop fort. Beaucoup trop fort. Qu'est-ce qu'il veut ? Qu'est-ce qu'il fait ? Et moi, qu'est-ce que j'ai fait ? Bon sang, mais pourquoi j'ai fait ça ? Je ne l'entends plus ! Où est-ce qu'il est ? Pourquoi est-ce que je ne l'entends plus ? Il ne bouge plus ! Il ne respire plus ! Il est deux heures du mat', peut-être trois. Nous sommes là, sous l'œil torve de Toto, moi tapie contre le radiateur et lui à l'affût quelque part.

Je ne l'ai pas entendu s'approcher. Je ne sais pas comment il a fait. Mais à un moment, j'ai senti son odeur dans mes narines. Une odeur délicieuse. L'odeur de lui. Et puis, une onde sur ma joue. La chaleur de sa main très très près de ma peau et puis le bout de ses doigts qui frôle ma pommette et descend lentement jusqu'à la commissure de mes lèvres, le bout de ses doigts qui s'éloigne, à peine, et tout mon corps qui…

– Eugène, comment allez-vous ?

Il la regarde en souriant. Elle n'ose pas vraiment lever les yeux vers lui. Ça ne se fait pas, elle n'a pas appris.

– *(Voix intérieure de Marguerite)* Ne le regarde pas aussi bêtement ! Pas comme ça, on dirait un poisson ! Naturelle !

Il a posé la main sur son bras. La chaleur de sa main, la douceur de sa voix, ses yeux brillants… tout s'est tranquillisé doucement, à l'intérieur d'elle. Et ils se sont parlé. Longtemps. Et il est reparti. Et les journées sont redevenues lentes et ennuyeuses. Interminables. Le pire hiver de toute sa vie, morne et gris, rythmé par les cartes postales de Zurich. Guitta les a comptées. Les a classées par ordre chronologique. Puis par thématique. Par photo, de la plus belle à la moins jolie. Non ! Finalement, par ordre chronologique !

Elle se dit à quel point sa vie est vide et sans intérêt. Et combien elle aimerait être ailleurs. Faire des études au lieu d'apprendre à cuire des confitures d'oranges amères et à repriser les chaussettes. Ou bien partir en voyage, à bord de ces somptueux paquebots qu'elle regarde croiser au large…

– Je ne peux pas rester. Rendors-toi, je fermerai la porte.

Il ne m'a pas fallu longtemps pour comprendre son mode de fonctionnement : pas de projets, pas de dates, pas de rendez-vous. Le téléphone qui sonne et parfois lui qui dit :

– Je suis là. Et toi, Jeanne ?

– Euh… oui… je suis là !

Ma vie est devenue comme un long film à suspense, sans fin. Viendra, viendra pas ? Appellera, appellera pas ? Les montagnes russes à s'en couper le souffle, semaine après semaine.

(Jeanne compose un numéro.)

– Allô… Il est là ? Non ?… Il brûle sa vie ?… Ah !…

Cher monsieur Eugène,

Décidément, la Suisse est le pays des jolies cartes postales, ou du moins vous savez très bien les choisir, merci. Aujourd'hui, il fait une journée délicieuse comme il n'y en a qu'à Nice ; il est cependant encore trop tôt pour prendre des bains de mer. J'ai choisi pour vous cette vue de la Pointe Rouge. Vous souvenez-vous ? Je compte sur de bonnes baignades cet été… si je sais encore nager ! Sinon vous serez de nouveau mon professeur, puisque c'est si facile et qu'il suffit de se laisser porter !

Vous ne m'écrivez plus beaucoup. Trois jours sans nouvelles ! Quand quittez-vous Zurich ? Je vous envoie en attendant un affectueux souvenir.

Guitta

Cet homme est fou. Je suis assise sur le lit, tout près de lui. Il ne dit rien. Des jours et des nuits que le désir laboure nos vies dans tous les sens, et il ne dit rien, ne fait rien, ne bouge pas. Je sais qu'il peut ne pas bouger et se taire pendant des heures. Des jours. Des semaines… Ça me glace. Je m'approche, pétrifiée. Son odeur. Le molleton de son pull. Les boutons de son jean. La chaleur rêche et douce de ses mains. La saveur de sa langue. Le parfum de sa peau. Quand il s'en va, tout mon corps lui sourit. J'espère qu'il le voit.

Moi, je ne savais jamais quand je pourrais le revoir. Alors je lui écrivais. Chaque fois qu'il partait, j'entamais un nouveau chapitre pour lui dire mes émotions, mes sensations de nous, pour remplir son absence, pour avoir une chance, peut-être, de le rejoindre, de le comprendre, d'être comprise.

    – Tu es amoureuse des mots, Jeanne.

    – C'est pas des mots dont je suis amoureuse.

Quand le chapitre était fini, je l'imprimais sur un beau papier bleu…

Tes caresses gourmandes et les frissons subtils qui passent sous ma peau. Et ces moments arrêtés où nous nous touchons si fort qu'il n'y a plus d'espace entre nous. Il y a cette brûlure délicieuse à l'intérieur de moi...

… J'attendais qu'il revienne. Puis quand il était là… et juste au moment de repartir, je le glissais dans sa poche… pour qu'il m'emmène avec lui. Un peu.

Il est revenu, et l'été a été merveilleux.

Au moment de repartir, il a demandé la permission d'entretenir une correspondance cachetée. Les parents de Guitta
ont souri. Ils étaient si beaux et si éclatants de jeunesse
que ce qui se tramait n'échappait à personne ! Ils ont
continué de s'écrire ! D'abord des cartes postales, sous
enveloppes. Et puis des lettres. Des lettres et des lettres.
Des lettres et des lettres. Des centaines de lettres.

Une nuit, j'ai pris mon élan, et je lui ai dit que je l'aimais.

> – C'est malin, Jeanne. Maintenant, avec ton truc, tu seras triste quand je m'en vais.

> – C'est pas quand tu t'en vas que je suis triste. C'est quand tu ne reviens pas.

(Jeanne trouve la lettre de la dernière fois dans la poche.)

> – Pourquoi tu n'as pas lu ma lettre ?

> – C'est comme un viol, Jeanne.

> – Un viol ? Un viol de qui ?

> – C'est pas ma faute, monsieur le juge, elle écrit si court qu'on lui voit tout ! *(Il rit.)*

Des mois après notre rencontre, je ne savais toujours rien de sa vraie vie, à part qu'elle était multiple, sans doute. Et dangereuse. Une vie de jour, avec des projets, un poste d'ingénieur. Et puis des vies de nuit, dont j'entrapercevais les combats, les expériences bizarres, les clandestinités. Et moi, seule à crever à attendre sans comprendre.

> – Je ne peux rien dire, Jeanne. Fais attention à toi.

Je ne voulais pas me protéger de lui.

Eugène lui raconte qu'un cinéma a été inauguré à Zurich. Un cinéma ! Elle voudrait bien voir ça ! Avec lui ! Il a acheté une caméra. Il est comme ça, Eugène, il croit au progrès !

De son côté, Guitta essaie bien de s'intéresser à autre chose, elle n'y arrive pas ! Elle attend ses lettres. Elle répond à ses lettres. Elle relit ses lettres. Elle classe ses lettres. Elle attend son sourire. Elle attend sa voix, ses gestes, son regard. Son petit rire de gorge quand il dit une drôlerie. Ses attentions discrètes. Elle attend ses mots gentils. Leurs retrouvailles. Elle attend de le revoir. Elle attend les vacances. Elle attend ses rêves aussi quand par bonheur, la nuit, elle rêve de lui.

Je n'arrête pas de rêver de lui. Quand je suis à Paris, il est ailleurs. Quand je suis à Lyon, il est à Paris. Et quand je reviens à Paris, il est ailleurs. Chaque fois qu'on se croise, c'est un exploit !

– Tu m'as manqué. J'ai souvent envie de te voir, mais je ne peux pas ! Je reviens bientôt, je reviens toujours !

Un soir… On ne s'était pas vus depuis des semaines. J'étais montée à Paris. Il n'avait pas le temps. Juste un moment. Une heure volée, à tâtons dans l'escalier.

– Je t'appelle demain matin pour te dire si je suis là demain soir.

– D'accord. J'attends ton appel pour savoir si je prends le train pour Lyon ou si je reste.

Il n'a pas appelé. J'ai pris mes valises et j'ai pris le train pour Lyon.

– Jeanne, tu es repartie ?

– Oui.

– Mais pourquoi ?

– Tu m'as pas appelée !

J'ai repris mes valises et j'ai repris le train pour Paris.

– Je ne veux pas dévier ma trajectoire, Jeanne, ni la tienne.

– C'est raté. On est complètement déviés, là !

– Jeanne, il est possible qu'un jour, je disparaisse sans te prévenir.

– Pourquoi ? Tu seras où ?

– Je serai ailleurs, où il est dangereux que tu saches.

– Ah bon ?!

– Mais si je suis mort, je te préviendrai.

Ça doit être à ce moment-là que j'ai commencé à parler de lui en l'appelant James. James Bond.

Au bout de deux ans ils se sont… embrassés. Sûrement un jour au-dessus de Nice, en haut des chemins pierreux qui montent rude pour arriver dans les hauteurs. Ils ont recommencé à s'embrasser, toute la journée. Et toutes les autres journées, dès qu'ils pouvaient se cacher. Des baisers interdits, profonds, brûlants. Une flambée. À chacun de ses retours à Nice… Trois fois par an… Ils n'en parlent pas dans les lettres, ou alors à mots flous, tamisés. Mais je les devine, leurs baisers.

Quand Eugène n'est pas là, rien n'intéresse vraiment Guitta, même à table, quand son père et sa mère s'enflamment :

> – Mes amis ! Nous vivons une époque extraordinaire ! Des aéroplanes traversent la Manche ! Bientôt des hydravions remplaceront les paquebots ! Des zeppelins survolent New York !

> – Oh ! il n'est pas né, le jour où les hommes maîtriseront le monde ! Oh ! vous ne devinerez jamais ce que j'ai vu ! Figurez-vous que la cousine de la voisine de tante Suzanne est venue lui rendre visite de Paris. Eh bien, vous ne devinerez jamais ? Elle

n'avait pas de corset, et une robe qui lui couvrait
juste le genou. Vous vous rendez compte? Le genou!

L'horizon est vide sans lui. Elle se demande si tout ça a
un sens. Et puis le facteur apporte une lettre, et tout ça
a un sens.

Trois mois sans nouvelles! Et s'il était mort? Ou alors il a rencontré une autre femme? Non, il m'a oubliée! Qu'est-ce que j'ai été pour lui pour qu'il ne prenne même pas la peine de me le dire et de me dire adieu? Mais je l'ai attendu! Je l'ai attendu! De plus en plus fort, de plus en plus vif, tous mes sens hérissés, électrisés par son absence. Affamée, assoiffée, folle d'espoir et de désespoir, je l'ai attendu! Plus un mot, plus un signe.

  – Allô… Il est là?… Il vient de partir? Ah! merci!

(Jeanne compose un numéro.)

  – Allô… Oui, excusez-moi… J'essaierai un peu plus tard!

(Jeanne compose un numéro.)

  – Allô… Oui, excusez-moi… Mais ça fait tellement longtemps!… Il finit toujours par revenir?… Ah… Merci…

(Jeanne compose un numéro.)

  – Allô… Oui, excusez-moi… Ça fait cinq mois!… Vous non plus?… Depuis quand?… Ah!…

Au bout de quatre ans, ils se sont fiancés. Tout est devenu concret, joyeux, officiel. Les lettres d'Eugène commencent par « Ma mienne jolie ». Ils ont le droit désormais. Une fois, elle part même à Zurich. Avec Emma et son frère. Le deuxième soir, Eugène les emmène au cinéma.

« Le numéro que vous avez demandé n'est plus attribué. Votre appel ne peut aboutir. Le numéro que vous avez demandé n'est plus attribué. Votre appel ne peut aboutir. »

Plus rien n'avait de sens. J'ai essayé d'avancer quand même, perdue dans un vide effroyable. Glacial. Vertigineux. Il ne sera jamais plus là ! Je me suis battue pour que mon chagrin n'envahisse pas tout. Qu'est-ce qu'on peut faire contre le brouillard, à part attendre que ça passe ? Alors j'ai continué d'interviewer. D'écrire. Gavée des mots des autres pour oublier les nôtres. Des endeuillés, des douloureux, des malades en phase terminale, des rescapés, des enragés, des naufragés, des orphelins, des mères qui perdent leurs enfants. C'est ça qu'on me demande, et je ne dis pas non. Je sais que je sais faire. J'ignore pourquoi, mais c'est comme si leur douleur, je la connaissais !

J'ai fait de mes souvenirs mon trésor de guerre. Je ne savais pas que ça existait un amour comme celui-là… Et ben, maintenant, je sais ! C'est fini ? Eh ben, tant mieux, parce que c'est épuisant les Jamesbonderies !

J'ai « pris » un amant. Bernard. Bernard de père en fils depuis des générations. Une femme, une mère, deux sœurs, et pas un moment pour souffler. Quand sa femme n'était pas là, c'était sa mère qui appelait, ou sa sœur, ou son autre sœur. Cerné, il était. Il était doux, et rêvait de liberté. J'ai pris sa douceur, et me suis dit que c'était le début de ma liberté.

Un jour à la télé… les tours sont tombées. La guerre en direct. La fin du monde. La fin d'un monde. Et toutes nos images qui reviennent d'un coup. Les rires, les odeurs, notre intimité. Si proches. Si c'est la fin du monde, je veux être avec lui, dans ses bras à lui, dans les bras de James Bond. Le soir, j'étais sur un balcon pour ne plus entendre la télé raconter en boucle la destruction des tours jumelles. Bernard m'a appelée avec sa voix douce pour me dire exactement la même chose : si c'est la fin du monde, il veut être avec elle. Sa femme à lui. C'est elle qu'il aime. J'ai dit oui, bien sûr. Il a dit merci. J'ai dit merci à toi aussi. Je suis restée seule sur le balcon. Seule.

     – Jeanne, tu me reçois ?… J'avais envie de t'entendre.

     – Tu es loin ?

(On entend un bruit de porte qui grince.)

     – C'est quoi ce bruit ? Refais ce bruit !

(De nouveau le bruit de la porte.)

C'est le bruit de la porte d'entrée, en bas, sur la place. Il est là !

Tant pis ! Je le reveux ! Je le reprends, je le re-aime éperdument !

Au bout de six ans, ils se sont mariés. Un samedi de printemps, joyeux et gai. Pour Guitta, c'était comme si la vie commençait enfin. Ils se sont installés à Blois, dans une petite maison coquette qu'elle a aménagée. Le matin, il partait électrifier la région. Elle l'attendait encore, toute la journée, mais elle l'attendait avec bonheur. Elle savait qu'il ne tarderait pas à rentrer. Et puis très vite, elle a aussi attendu… un enfant. L'enfant de leurs premières nuits d'amour, déjà. Quand il partait en mission, elle lui écrivait, comme avant. Des lettres de femme, désormais. Des lettres de désir, de bonheur, d'impatience, d'impatience…

Et ce sont deux petites filles. Des jumelles ! Elles sont nées le 17 décembre 1913, dix mois et onze jours après leur mariage. Elles s'appellent Yvette et Odette, elles sont belles comme des fleurs, ils sont heureux comme des fous. Tout est bien.

En juin 1914, elle est partie avec les deux petites dans la maison de famille, au-dessus de Grenoble. La montagne, c'est mieux que les chaleurs de Nice, pour de si petites filles. Plus d'un mois sans se voir. Ça faisait longtemps que ça ne leur était pas arrivé. Ils recommencent à s'écrire, évidemment.

J'ai trouvé une chambre de bonne à Paris pour le voir plus souvent. Je continuais mes interviews et mes livres pour les autres. Trente ! J'en ai écrit trente ! Mais c'est tous les miens, même si c'est ceux des autres. Je les ai mûris, je les ai construits, j'en ai accouché et parfois avorté. Et j'ai même droit au baby blues à chaque sortie. On dit « nègre », on devrait dire « sage-femme », « mère porteuse », « accoucheuse » ! Parmi eux, j'ai enfin écrit un best-seller. Avec l'argent, une fois payées mes dettes, j'agrandirai la chambre en achetant le débarras mitoyen. Et je veux m'offrir une chose dont je rêve depuis longtemps : un stage pour apprendre à ne plus avoir peur de l'eau. Pour apprendre à nager.

      — Pas la peine d'avoir peur, Jeanne. C'est simple. Il suffit de se laisser porter.

      — Il suffit de se laisser porter ?… Ah !…

C'est l'été ! Le 31 juillet, en rentrant du travail, Eugène prépare ses bagages pour rejoindre sa femme et les deux petites. Ils sont impatients. Dans le journal, les nouvelles sont de plus en plus mauvaises, catastrophiques. À 21 h 40, Eugène ferme sa valise, heureux. Au même moment, à Paris, rue Montmartre, au Café du Croissant, Jean Jaurès, leader du parti socialiste, le seul homme politique qui pouvait empêcher la guerre, est assassiné. La France entière est en émoi. Le lendemain, 1er août, à 4 heures de l'après-midi, tous les clochers de France font entendre un sinistre tocsin. C'est la mobilisation générale. Eugène part. Mais pour la guerre.

– Je ne vais pas pouvoir rester, Jeanne.

– Déjà?…

– Ça me rend triste!

– Pourquoi?

– Ça ne se raconte pas la guerre.

Guitta s'est remise à écrire encore et encore. Elle a écrit
pour lui parler, pour continuer de rire avec lui, de vivre
avec lui ! Et parce qu'elle avait peur.

J'ai continué d'écrire, d'appeler… Sans réponse. Il n'appelait plus.

En décembre, le facteur a sonné. Elle s'est précipitée :
plus de vingt-six jours qu'elle n'avait plus de nouvelles.
Il avait des lettres pour elle. Plein. Ses lettres à elle. Toutes
les lettres qu'elle lui avait écrites depuis un mois. Retour
à l'envoyeur. Porté disparu.

Je n'ai plus de nouvelles. Il ne répond à aucun de mes mails.

Guitta a continué de lui écrire, dans un cahier. Les premiers pas d'Yvette, les bêtises d'Odette, leur sourire, le même que leur papa. Elle lui écrit aussi que des soldats blessés dont on est sans nouvelles depuis des mois, ont resurgi du fond d'un hôpital militaire. Il va revenir. Elle sait qu'il va revenir.

– Allô… Allô…

– Tu es vivant.

– Oui, Jeanne. Je t'ai dit que je te préviendrais.

– C'est trop difficile.

(Bruit d'explosion.)

Je ne l'ai jamais revu.

Un matin, une lettre est arrivée. Une lettre d'un de ses frères d'armes…

Paris, le 21 mars 1915

Madame,

Dans les combats d'Ypres qui ont duré trois jours du 17 au 20 novembre 1914, voici ce qui s'est passé. Le matin du 17, mon ami Eugène qui restait dans une tranchée voisine de la mienne est venu me donner le bonjour. La veille je l'avais invité à venir déjeuner avec moi (j'avais reçu un petit colis), nous étions bien contents. Vers midi, nous partions à l'attaque. Au combat je me trouvais quelque peu à gauche de lui et sa section. Le soir vers 7 heures, en essayant de me porter à un endroit qui m'avait été indiqué, j'ai reçu une balle au talon du pied gauche. Je ne pouvais presque plus marcher mais après m'être fait panser je suis cependant resté sur la ligne ! C'était ennuyeux : sur trois sergents que nous étions au début du combat je restais le seul à ma section, les deux autres avaient été blessés. Il y avait déjà longtemps qu'il était nuit quand j'ai entendu dire par mes hommes « le pauvre sergent Eugène Michel est mort, il vient d'être tué ». Ces cruelles et douloureuses paroles m'avaient bien peiné, je me disais est-ce bien vrai ? Pour être sûr, j'ai envoyé un homme voir à sa section. Hélas malheureusement c'était vrai. Le sergent Eugène Michel a été blessé mortellement d'une balle à la tête, il est tombé foudroyé et puis plus rien. Tels ont été ses derniers instants. Madame, quant à ses dernières volontés je ne les connais pas ; votre pauvre mari était très courageux, à aucun moment je ne l'ai vu découragé ou craignant la mort il était si bon et si doux mon cher camarade que moi qui n'ai pas encore 23 ans, je le considérais et l'aimais comme un grand frère.

Avec la part bien grande que je prends à la douleur qui vous frappe si cruellement, veuillez agréer, Madame, l'expression de ma considération attristée.

Sergent Verguet

P.-S. : La bataille a été si terrible et les coups de canon ont été tels, que le corps d'Eugène et de centaines d'autres n'ont jamais pu être retrouvés.

Pendant toute la guerre, elle lui a écrit. Dans son cahier. Et même après la guerre. Six ans pour l'attendre, deux ans pour vivre avec lui, plus de sept cents lettres, et toute une vie pour le pleurer.

Je ne sais pas quand notre conversation a cessé à l'intérieur de moi. Plusieurs années, je crois. Un matin, je me suis réveillée et j'ai réalisé que j'étais morte. J'étais comme un désert brûlé. Soit je mourais vraiment, soit je reprenais vie… avec d'autres hommes. Je suis retournée sur Internet pour ouvrir une fenêtre, parler un peu, respirer l'air des autres, dire la nuit à des inconnus ce qu'on ne dit pas le jour à des gens qu'on connaît. Je les voyais passer, je les interpellais, je les laissais venir. Papotages, tapotages, quelques échanges ou de longues conversations. Et puis une rencontre, parfois. Pour se voir, se toucher, faire revenir la vie par capillarité.

La seule chose qui lui est restée, à part son chagrin, c'est sa beauté. Elle a trouvé un veuf, à moins que ce soit le contraire. Ils se sont mariés, pour fonder une famille. Ses trois enfants à lui, ses deux enfants à elle, et au milieu de tout, le souvenir d'Eugène. Les petites, belles comme leurs parents, ont grandi en biberonnant ce chagrin-là. Comment pouvait-il en être autrement ?

Quant à moi, j'ai rencontré un homme étrange dont je me suis demandé s'il était complètement con ou très intelligent. Il disait toujours : « Souhaites-tu que nous renouvelions ? » J'ai dû renouveler plusieurs fois pour savoir ! Et puis, je n'ai plus renouvelé ! Il était polytechnicien. Un mec très intelligent mais complètement con. J'ai rencontré un urgentiste drôle et fou avec qui je suis devenue amie, immédiatement. J'ai rencontré un musicien qui pensait que les femmes le fuyaient parce qu'il était laid. Ça m'a semblé bizarre ! D'habitude, ce sont les hommes qui fuient les femmes laides. Les femmes, elles, savent aimer les hommes laids. Surtout les musiciens. J'ai dîné avec lui pour comprendre ! Il n'était pas vraiment laid, il était… Je l'ai fui, moi aussi.

J'ai rencontré un écrivain brillant, petit fonctionnaire au ministère de la Défense. Il vivait dans une chambre de bonne sans eau, se douchait au Gymnase Club, et se faisait entretenir par des vieilles femmes riches en attendant d'écrire son hypothétique deuxième roman.

J'ai rencontré Stephan, charmant et vif, pour qui j'ai crépité quelques semaines avant qu'il ne précise avec délicatesse qu'il ne faisait que passer, parce que la vie est courte et qu'il faut bien s'amuser. Nous sommes devenus amis.

J'ai rencontré Laurent, un printemps de désir joyeux. Il a disparu au moment de l'été. Il a réapparu en janvier pour me souhaiter une bonne année et m'annoncer la naissance de son bébé, l'été d'avant.

J'ai rencontré John, si attachant qu'il m'aurait bien attachée.

J'ai rencontré Joël, un petit homme très compliqué, très tendre et très doux avec qui je fais des siestes délicieuses, mais qui s'enfuit toujours au plus mauvais moment en murmurant : « c'est trop dangereux, c'est trop dangereux ».

Et puis j'ai rencontré Pierre, Paul, Jacques…

Mon cœur s'est remis à battre avec Antoine. Charles. Frédéric.

Un jour, j'ai relu toutes les lettres de Guitta. Bien triées années par années. Chaque paquet noué d'un ruban de velours. Et dans une boîte à part, les coupures de journaux, la citation à je ne sais plus quel ordre, la médaille posthume. J'ai relu son histoire et j'ai compris la mienne. J'en ai rêvé pendant des nuits. Tellement de similitudes. Les mêmes mots quelquefois. J'ai reconnu ce chagrin, distillé à ses deux filles, transmis comme un héritage à ses descendantes, ses petites-filles. Et puis son arrière-petite-fille. Moi.

Elle s'appelait Marguerite, mais tout le monde l'appelait Guitta. Sauf nous. Nous, on l'appelait Mamita. Je ne m'en souviens presque pas. Une très vieille dame qui nous faisait un peu peur. Dans la famille, on disait qu'elle était méchante, hystérique, capricieuse, folle. Personne ne s'est demandé pourquoi. Avec le temps, tout le monde a oublié. Bien sûr qu'elle était folle.

Il y a quelques jours, j'ai loué une maison sur une île en Bretagne. Une maison minuscule avec une grande fenêtre pour voir l'eau monter et descendre au fil des marées. Une maison pour écrire. Les marées comme une respiration lente. Le soleil qui se lève, le soleil qui se couche. J'ai poussé la table devant la fenêtre. J'ai branché mon ordinateur et je me suis dit voilà. Je suis là pour écrire MON livre. Mon premier livre. Mais pour écrire quoi?

À la droite de la fenêtre, un bateau est apparu. Un petit bateau de pêcheur, blanc et bleu. Un joli petit bateau bien vaillant. Il a traversé ma fenêtre, de droite à gauche, pour aller vers le port. Sur sa coque bleue, en belles lettres blanches, j'ai bien pu lire son nom. Il s'appelle Marguerite. Marguerite. Si c'est pas un signe. Pourquoi pas James, tant qu'on y est?

À un moment, le chagrin se retire, comme la mer.

AVIS IMPORTANT

Cette pièce de théâtre fait partie du répertoire de la Société des Auteurs et Compositeurs Dramatiques, 11 bis rue Ballu 75442 PARIS Cedex 09. Tél. : 01 40 23 44 44. Elle ne peut donc être jouée sans l'autorisation de cette société.

Nous conseillons d'en faire la demande avant de commencer les répétitions.

Imprimé à la demande par Libri Plureos GmbH, Bad Hersfeld, Allemagne

1re édition, dépôt légal : février 2014
N° d'édition : 201419
ISBN : 978-2-37393-010-8